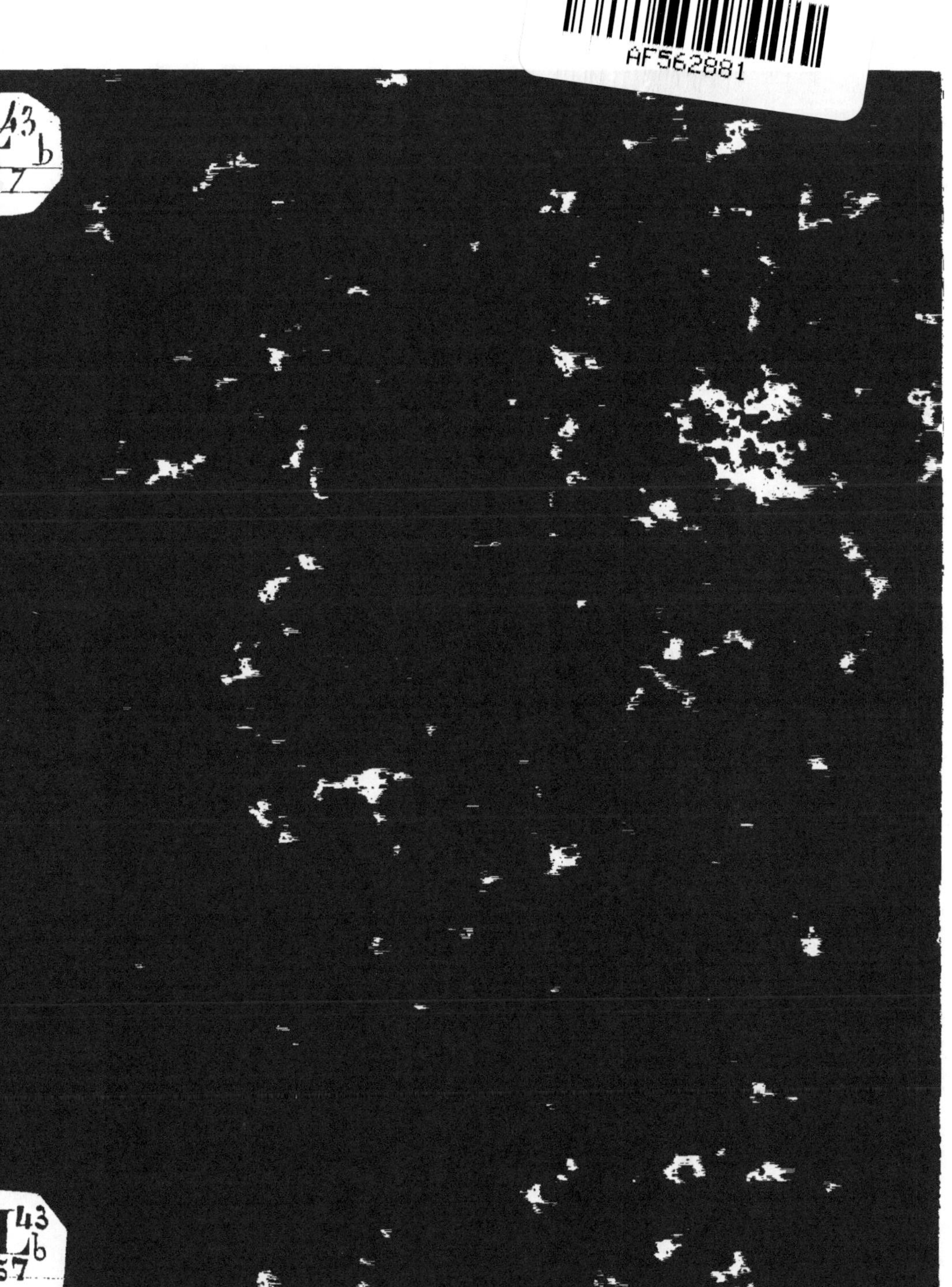

IDÉES
SUR L'ÉTAT ACTUEL
DES FINANCES,
ADRESSÉES AUX CONSULS
DE LA
RÉPUBLIQUE FRANÇAISE.

IDÉES
SUR L'ÉTAT ACTUEL DES FINANCES,
ADRESSÉES AUX CONSULS DE LA RÉPUBLIQUE FRANÇAISE;

Par ARMAND SEGUIN, de l'Institut National.

SECONDE ÉDITION REVUE ET AUGMENTÉE.

A PARIS,

DE L'IMPRIMERIE DE GOUJON FILS, RUE TARANNE, No. 737.

AN IX. — 1801.

AVERTISSEMENT.

Mon premier projet, en me déterminant à faire imprimer cet écrit, était de n'y point mettre mon nom. Je sentais que les personnes qui pensent que les opinions, que les capitalistes cherchent à propager, dérivent presque toujours d'un intérêt personnel, rejetteraient, avec d'autant plus d'empressement, mes idées, qu'elles supposeraient que je ne plaide la cause générale que pour mieux soutenir mes spéculations particulières. Cette considération, qui aurait dû me faire garder l'anonyme, est précisément celle qui m'a déterminé à me mettre en évidence. L'examen de mon plan en deviendra plus sévère ; toutes les illusions disparaîtront; et la plus intime conviction de son utilité générale, pourra seule le faire adopter.

Je dois néanmoins attester, qu'en proposant mes idées, je ne suis mû que par le plus ardent desir de voir prospérer ma patrie. En effet, le projet que je propose, tendant à diminuer l'intérêt de l'argent, et les besoins du Gouvernement, est, par cela même, très-désavantageux à mes intérêts particuliers, puisque, comme capitaliste, mes moyens d'industrie et mes revenus s'en trouveront considérablement diminués. J'appelle sur moi la haine de tous les honnêtes gens, si cette déclaration n'est pas basée sur la plus exacte vérité.

Je n'ai point eu pour but de critiquer le dernier projet de loi sur les finances, mais seulement d'en proposer un qui présentât encore plus d'avantages. Pour tout bon Gouvernement, la substitution d'un plan à un autre ne peut être que la preuve de sa tendance à l'amélioration.

ARMAND SEGUIN.

IDÉES

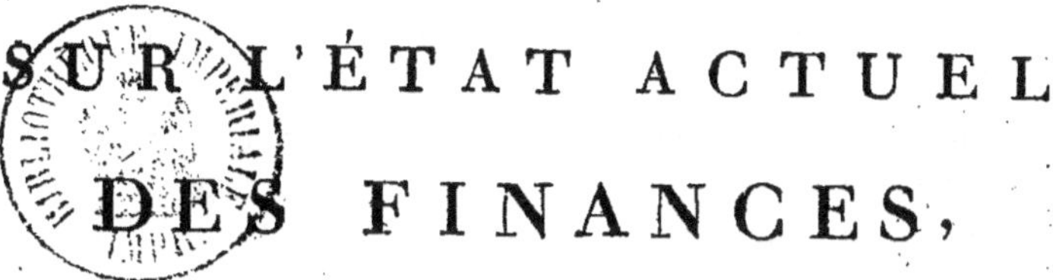

SUR L'ÉTAT ACTUEL DES FINANCES,

ADRESSÉES AUX CONSULS DE LA RÉPUBLIQUE FRANÇAISE.

CITOYENS CONSULS,

Le plan que je vais avoir l'honneur de vous soumettre, me semble, sous tous les rapports, préférable au dernier projet de loi sur la dette publique.

Il a le quadruple avantage, de rehausser le crédit public ;

D'assimiler aux dettes les plus sacrées de l'État, les créances antérieures à l'an 9, et de les anéantir, avec bénéfice pour les porteurs ;

De procurer sur-le-champ au Gouvernement un bénéfice

matériel de quinze millions en numéraire, et de lui économiser une dépense annuelle de plus de vingt-cinq à trente millions;

Enfin, d'assurer pour toujours, sans aucun secours étranger, le service du trésor public, de telle sorte qu'il ne se trouve plus jamais dans la nécessité d'escompter de ses valeurs, et d'en émettre sur la place.

Il est, d'ailleurs, fondé sur la justice et la loyauté, qualités que vous avez sû rendre inhérentes au Gouvernement. Il doit enfin augmenter la confiance, la reconnaissance, l'admiration et l'enthousiasme que vous avez inspirés aux Français et aux étrangers.

Le Gouvernement est comme tout propriétaire de maison qui n'a que ce revenu pour exister ; il vit par anticipation. Celui-ci, anticipant les six derniers mois de son bail, n'a qu'une chance à courir tous les neuf ans ; celui-là, assurant le service de son premier mois avec les ressources de son troisième, ou de son quatrième, court douze chances dans l'année; et un seul évènement fâcheux peut, à chaque instant, anéantir toutes ses ressources. Je voudrais donc, d'abord, que le Gouvernement suivît, à cet égard, la même marche que le propriétaire de maison ; avec cette seule différence que, couvrant son déficit par des moyens étrangers à ses ressources annuelles, il n'existât plus jamais pour lui d'anticipation. Dès lors, vivant successivement sur le produit non négocié de ses valeurs, il se passerait de toute espèce de négociateurs,

négociateurs, et n'aurait plus à payer d'escompte d'aucun genre, ce qui lui assurerait un bénéfice annuel de plus de vingt-cinq à trente millions. . . . .

Tel est l'un des principaux résultats du plan que je vais exposer.

RÉSULTAT DU PROJET DE LOI.

90,000,000 d'arrièré, à 3 pour cent, forment un revenu de.	2,700,000.
30,000,000 de provisoire, à 5 ponr cent, forment un revenu de. . . .	1,500,000.
Ainsi pour anéantir 90 millions d'arriéré et 30 millions de provisoire, le Gouvernement augmente annuellement sa dette de *(a)*.	4,200,000.

RÉSULTAT DU PLAN QUE JE PROPOSE.

On ouvrirait un emprunt de 210 millions, lequel serait rempli de la manière suivante :

Arrièré.	90,000,000.
Provisoire.	30,000,000.
Obligations de receveurs à 15 mois, terme moyen.	75,000,000.
Écus.	15,000,000.
TOTAL......	210,000,000.

(a) Je ne parle point ici des titres II et III du projet de loi; je ne proposerais d'y apporter d'autres changemens, que la faculté à accorder aux acquéreurs de domaines, de pouvoir s'acquitter, soit en deux tiers, soit en inscriptions, et ce, en prenant pour bases de rapport, celles énoncées en l'article 2.

On en payerait l'intérêt à cinq pour cent, ce qui augmenterait annuellement la dette du Gouvernement de. 10,500,000.

Cet emprunt devrait être clos soit au 1er vendemiaire, soit au 1er germinal de l'an dix, et tout l'arrière, de même que le provisoire, n'aurait aucun autre écoulement.

Ainsi, d'un côté la dette s'augmenterait de.	10,500,000.
De l'autre, elle s'augmenterait de...	4,200,000.
Différence en plus dans mon Plan...	6,300,000.

Mais comme en même tems, le Gouvernement se trouverait recevoir quinze millions en écus, et soixante-quinze millions en obligations à quinze mois, qui, à raison de ce qu'il n'en paie l'intérêt qu'à cinq pour cent, représentent une valeur réelle d'environ quatre-vingt-cinq millions, l'opération, en dernière analyse, se réduirait,

A rembourser l'arrièré et le provisoire en inscriptions sur le grand livre, à cinq pour cent; et à emprunter, des porteurs de ces créances, 85 millions sur le pied d'environ cinq un quart pour cent; ou, ce qui revient au même, à rembourser l'arrièré et le provisoire sur le même taux, et de la même manière que dans le projet de loi, et à emprunter, de ceux qui en sont porteurs, quatre-vingt-cinq millions, sur le pied d'environ sept pour cent.

Les 6,300,000 fr. de dette annuelle que ce plan présente de plus que le projet, seraient couverts d'une part par les quatre millions de rente inscrits sur le grand livre au nom de la république, de l'autre par une augmentation annuelle de 2,300,000 fr. dans le budjet des rentes.

Secours numéraire que le Plan que je propose procure sur le champ au Gouvernement.

Le Gouvernement reçoit, ainsi que nous venons de le voir, en valeur effective. . . . . . . 85,000,000.

Il augmente sa dette, comparativement au projet de loi, de 6,300,000 fr. qui, à 55, cours même au-dessus de celui du jour, forme un capital de. . . . . . . 69,300,000.

Il lui reste donc net en numéraire et matériellement. . . . . 15,700,000.

Avantages résultans pour le Trésor public du Plan que je propose,

L'emprunt absorbera soixante-quinze millions d'obligations de receveurs à quinze mois. Le Gouvernement seul pourra les fournir; on lui en versera, en numéraire, la valeur représentative, qui sera d'environ soixante-cinq millions. Cette somme, jointe aux quinze millions numéraire provenant de l'emprunt, et aux revenus indirects à percevoir dans les mois qui se trouvent sans échéance d'obligations, forme un total d'au moins cent millions, plus que suffisant aux besoins d'anticipation. Ces mêmes obligations revenant ensuite, par le résultat de l'emprunt, dans les caisses du trésor, sa position n'aura éprouvé aucun changement, si ce n'est que son actif se trouvera augmenté de quatre-vingt millions numéraire. Dès-lors, et pour toujours, les dépenses du Gouvernement pourront s'acquitter avec l'encaissement de ses obligations, et, par cela seul, il évitera des négociations qui, en dernière analyse, lui coûtent annuellement vingt-cinq à trente millions, et il écartera tout double emploi, toute marche fausse, et tout déplacement de numéraire, qui, dans tous les tems, lui apportent le plus grand préjudice et peuvent souvent compromettre le salut de l'État.

Avantages politiques que présente le Plan que je propose.

1er. AVANTAGE.

Il retire de la place toutes les valeurs du Gouvernement.

Le Gouvernement n'ayant plus besoin d'émettre aucune obligation, celles qui se trouvent sur la place en ce moment, s'amélioreront dans un rapport inverse de leur remboursement, et je ne craindrais même pas de me rendre garant que, dans ce cas, elles se feraient bientôt à trois quarts pour cent au plus.

IIe. AVANTAGE.

Augmentation de la valeur représentative en circulation, et de nos créances d'échange avec l'étranger.

L'intérêt incontestable du Gouvernement est de ramener les rentes, le plus qu'il lui sera possible, au pair.

D'abord, parce qu'elles mettront dans la circulation une beaucoup plus grande masse comparative de numéraire.

En second lieu, parce qu'elles forceront les étrangers qui voudront s'en procurer, à nous apporter une plus grande quantité de leurs écus.

En troisième lieu, parce qu'elles diminueront l'intérêt de l'argent, et accroîtront, dans le même rapport, la valeur réelle des biens-fonds.

Enfin parce que, à raison de tous ces motifs, elles vivifieront la circulation, le commerce, l'agriculture et les arts.

Le Plan que je propose tend à ce but, puisque, d'une part, le Gouvernement empruntant à 7 un tiers pour cent, (taux qui n'est toujours que relatif à celui de remboursement du projet de loi, puisque, dans l'exacte vérité, l'emprunt que je propose n'est que sur le pied de cinq un quart pour cent), ramène forcément les rentes à 67, et augmente le nombre des intéressés à leur amélioration; de l'autre, les quatre-vingt millions qui auraient été employés en spéculations sur les obligations, se trouvant en totalité consommés en inscriptions, doivent nécessairement les élever à 70. (Je ne craindrais même pas de dire, et je serais presque certain de ne pas me tromper, à 80).

Ce Plan a, de plus, le grand avantage de tendre à l'amélioration de l'escompte des valeurs du Gouvernement. Une demande subite de soixante-quinze millions d'obligations doit les amener, en bien peu de tems, à trois quarts au plus, taux qui dès-lors les remet à très-peu-près en équilibre avec les rentes.

Ce mode d'ailleurs achemine les capitalistes vers les spéculations d'emprunt du Gouvernement; celui-ci comportant déjà près de moitié numéraire, pourrait être suivi d'un autre moins considérable, dans lequel le numéraire entrerait pour les trois quarts, et bientôt les emprunts suivans se rempliraient en totalité en numéraire.

En général, tout Gouvernement sage doit prendre les hommes tels qu'ils sont. Le but à la fortune est un de leurs principaux mobiles. Ils aiment les jeux qui présentent des chances. Les premiers magistrats doivent, pour le bien de l'État, diriger d'une main invisible cette passion, et la faire tourner plutôt au profit de la masse, qu'à celui de quelques individus.

Les joueurs sur la place, entend-on dire souvent, ne sont que des agioteurs, qui, par cela seul, ne méritent pas grande considération. Cela ne peut être vrai que pour ceux qui spéculent sur la baisse; eux seuls peuvent être censés n'avoir aucun lien à la société, et sont des ennemis d'autant plus dangereux pour le Gouvernement, qu'ils fondent leur fortune sur la ruine de leur patrie. Quiconque spécule sur la hausse, en lui supposant d'ailleurs de la moralité, est, par cela seul, un bon citoyen. En supposant même qu'il n'envisage dans ses résultats que son intérêt personnel, le Gouvernement ne s'en trouve pas moins profiter de ses idées dans un rapport direct avec son revenu. Le joueur à la hausse, enfin, doit être assimilé à tout bon négociant qui, présumant bien des principes de ses magistrats, pressent le bien qui doit en résulter, et confie ses capitaux aux marchandises qui doivent s'en trouver vivifiées.

La hausse, d'ailleurs, produit des bénéfices pour tout le monde ; tandis que la baisse occasionne des pertes, non-seulement à une partie des joueurs, mais encore à tous les propriétaires étrangers aux résultats de la bourse.

Les mobiles des joueurs à la hausse avaient été jusqu'ici de deux genres. Les uns n'ont envisagé que les résultats de la pacification ; parmi ces derniers, ceux-là seuls ont réalisé des bénéfices, qui ont pressenti que la hausse s'anéantirait avec la réalisation de l'espoir. D'autres ont pensé que l'intérêt bien combiné des capitalistes et des étrangers, devant enfin attirer leurs placemens sur les rentes, ils leur vendraient avec avantage celles qu'ils s'étaient procurées dans un moment où la plénitude de confiance n'avait point encore produit son effet. La baisse qui vient d'avoir lieu éloigne au moins cette perspective, qui, en dernière analyse, est tout autant desirable pour le Gouvernement, que pour les joueurs qui en ont conçu l'espoir.

Avantages que procure aux créanciers de l'État, le Plan que je propose.

D'après les proportions de l'emprunt, un prêt de quatorze cent francs, sera composé ainsi qu'il suit :

Arriéré.......	600 francs.
Provisoire.....	200
Obligations....	500
Écus.........	100
TOTAL....	1400 francs.

Le prêteur aura pour cela une rente de..... 70 fr.

Ses 500 fr. d'obligations de receveurs, défalcation faite de l'escompte de quinze mois, à un pour cent par mois, lui représentent une somme effective d'environ......	425	
A quoi ajoutant les 100 fr. numéraire, ci..........................	100	
Il a un débours réel de.........	525 fr.	
Qui, en supposant les rentes à 70 fr. lui représente un revenu d'environ............		37 fr.
Reste un revenu de..................		33
lequel, à 70 fr. produit un capital de......		462 fr.

qui représentant les 600 fr. d'arriéré et les 200 fr. de provisoire,

provisoire, met, l'un dans l'autre, ce total de huit cent francs, à près de 58 pour cent, écus; tandis que, suivant le projet, en supposant de même la rente à 70, ces mêmes valeurs ne représenteraient que 45 pour 100. Cette différence de 13 pour 100, répartie sur les 120 millions de créances absorbées, donne aux créanciers de l'État un bénéfice net de 15,600,000 francs.

Comparaison entre les résultats annuels du projet de loi et du Plan que je propose.

La différence entre les revenus annuels du projet de loi et du plan que je propose, s'élève à...	6,300,000 fr.
Mais le Gouvernement reçoit en même-tems, en écus, quatre-vingt millions, qui, à cinq pour cent, font un revenu de..................................	4,000,000
Reste donc un excédent de.....	2,300,000 fr.

Or comme, pour avoir ces quatre-vingt millions écus, le Gouvernement, en calculant l'escompte à un pour cent, se trouve avoir ménagé une somme de douze millions, il n'a qu'à s'en servir pour racheter les 2,300,000 fr. d'augmentation de rentes, qui, au cours du jour, produisent un capital d'environ douze millions.

Dans cet état de choses, son revenu ne se trouvera pas plus augmenté que dans le projet de loi; il aura acquitté l'arriéré à cinq pour cent, et il aura assuré son service, en empruntant de même à cinq pour cent, tandis qu'aujourd'hui il emprunte, ou, ce qui revient au même, il escompte à plus de quinze pour cent.

Objections qu'il est possible de faire au Plan que je propose.

La principale objection qu'on puisse faire à ce plan, est celle d'un emprunt de 85 millions à 7 un tiers pour cent payables à perpétuité. J'observe d'abord, à cet égard, que ce taux n'est véritablement que de cinq un quart pour cent, et que ce n'est que parce que le plan que je propose rembourse l'arrièré sur le pied de cinq pour cent, tandis que le projet de loi ne le rembourse qu'à trois pour cent, que ce taux peut, par comparaison, se calculer sur le pied de sept un tiers. Mais, d'ailleurs, si en même-tems on diminue, par cela même, tellement l'escompte des obligations qu'il soit à peu-près au même taux, on rachètera et on amortira les 6,300,000 fr. de rente qui proviennent de cet emprunt, et chaque année ce reveuu pourra servir ensuite à l'amortissement du restant de la dette.

D'ailleurs, ce taux d'emprunt ne doit-il pas être regardé comme très-peu onéreux, si l'on considère qu'autrefois les biens-fonds ne produisant que deux et demi à trois pour cent, le Gouvernement ne craignait pas d'emprunter à cinq et six pour cent?

Enfin, admettons pour un instant que le Gouvernement ne rachète pas ces 6,300,000 fr. de rentes, et qu'il s'en trouve grêvé pour toujours; cette faible annuité n'est-elle pas bien plus que couverte par les vingt-cinq ou trente millions de frais de négociations que ce plan lui ménage chaque année, et dont l'excédent pourrait même servir à éteindre d'autant le restant de la dette ?

Peut-être serait-il encore possible d'objecter qu'une somme de cent millions surpasse de beaucoup les besoins d'anticipation du trésor ; mais alors, l'excédent sera versé à la caisse d'amortissement : et si ce versement présentait quelqu'inconvénient, on pourrait diminuer d'autant la portion numéraire de l'emprunt, ce qui améliorerait le sort des porteurs de créances, sans porter préjudice aux intérêts du Gouvernement.

On peut encore objecter que la réalisation d'une somme de quatre-vingt millions est d'une très-difficile exécution. Le plan que je propose n'augmente point à cet égard la difficulté. En effet, ou les besoins d'anticipation du Gouvernement s'élèvent à quatre-vingt millions, ou ils ne s'y élèvent pas. Dans le premier cas, il faudra bien que le Gouvernement trouve cette somme, et, à cet égard, le plan que je propose a l'avantage d'en assurer l'encaissement ; dans le second, on peut, ainsi que je viens de le dire, diminuer d'autant la portion numéraire de l'emprunt.

Au surplus cette somme ne sera pas plus difficile à trouver, qu'elle ne l'a été jusqu'ici. Chaque mois le trésor négocie, l'un dans l'autre, pour quinze à vingt millions d'obligations ; il en reçoit le montant, et le retire conséquemment de la circulation. J'en demande 80 en six mois, (on pourrait même ne les demander qu'en une année), ce qui en fait treize par mois, environ. Je suis donc au-dessous de la possibilité actuelle de réalisation. D'ailleurs ces 80 millions devant être, à fur et mesure de leur encaissement, dépensés par le trésor, ne rentreront-ils pas de suite dans la circulation ? Une somme de quinze à vingt millions suffira donc, très-probablement, à cette circulation de quatre-vingt millions.

Nous n'avons pas besoin d'emprunter, peut-on ajouter. Dans ce cas, pourquoi négociez-vous des valeurs ? Pourquoi perdez-vous annuellement vingt-cinq à trente millions en frais de négociation ? Pourquoi, enfin, ne vivez-vous pas sur l'encaissement à échéance de vos obligations ? Dans tous les cas, vous ne pouvez disconvenir que vous ayez des besoins d'anticipation. Couvrez-les, sans altérer vos ressources annuelles ; dès-lors, vous évitez chaque année une dépense de vingt-cinq à trente millions. Que ce soit par un emprunt, ou par tout autre moyen, qu'importe ? le mot ne fait rien au résultat. Ramener les recettes et les dépenses aux mêmes échéances, voilà le problême à résoudre. Les circonstances présentes sont, plus que toute autre, favorables à sa solution.

On ne doit pas, pourrait-on dire, assimiler les créances arriérées au tiers consolidé, dette d'autant plus sacrée qu'elle a déjà éprouvée une très-forte réduction. Mais, dans ce cas, pourquoi l'augmenter encore par la diminution de la valeur réelle des deux tiers ? Qu'importe au Gouvernement que ces valeurs ne se trouvent plus dans les mêmes mains ; il ne doit envisager que la chose et non les personnes.

On pourrait peut-être craindre que les porteurs d'arrièré ne se procurent difficilement les valeurs qui leur manqueroient pour le complément de leur prêt ; mais, d'abord, je pose en principe qu'aujourd'hui presque tout l'arrièré est hors des mains des propriétaires originaires, et qu'il se trouve classé dans des caisses dont les ressources sont plus que suffisantes pour completter l'emprunt ; et, en supposant même que cela ne fût pas, le mode d'exécution peut très-facilement parer à cet inconvénient. Tout porteur d'arrièré, qui le verserait au trésor, et qui s'engagerait à fournir, dans un temps qu'on règlerait, les valeurs qui lui manquent pour completter son prêt, toucherait de suite, en inscriptions, moitié de ce versement, et ne recevrait l'autre moitié qu'à l'instant où il le completterait. Le produit de ce payement le mettrait bientôt à même de se procurer les valeurs qui lui manquent; et ensuite, ces valeurs, par leur versement, lui procureraient de nouvelles ressources, jusques à parfaite liquidation.

D'ailleurs ne pourra-t-on pas faciliter encore l'emprunt en recevant en paiement des obligations et du numéraire, soit de très-bon papier de banque, soit des ordonnances pour fournitures de l'an dix, soit des traitemens, soit des cautionnemens d'agens de change, soit enfin toute autre dette bien légitime du gouvernement et exigible de suite en numéraire. Si les bàses du plan que je propose sont véritablement bonnes ; si elles sont, comme je le crois, puisées dans les sources d'une politique aussi sage qu'éclairée ; si elles sont également avantageuses, et pour le gouvernement et pour les gouvernés ; si elles peuvent, enfin, être rangées dans l'ordre des possibilités, on y appliquera tel mode d'exécution qui sera le plus convenable aux circonstances. Quel est le Français qui, depuis le 18 brumaire, peut regarder comme impossible l'exécution d'un plan matériellement réalisable ? Certes, depuis cette époque, le gouvernement a fait des choses incomparablement plus difficiles.

On m'observera probablement encore qu'il n'existe pas dans les caisses du trésor, d'obligations à quinze mois. A cela je réponds : les impositions de l'an dix vont être arrêtées ; les receveurs doivent, à la fin de l'an neuf, donner leurs obligations pour les impositions de l'an dix. Faites les leur contracter très-peu de mois plutôt, cela devra leur être indifférent, et vous aurez dès-lors la possibilité d'exécution.

Enfin on pourra objecter que l'emprunt que je propose est forcé ; mais il ne l'est pas plus que le projet de loi. Dans l'un et l'autre cas, on n'a qu'un seul débouché ; tout mode de paiement qui n'est point au pair, ou qui n'est pas du consentement respectif de toutes les parties contractantes, est toujours, en dernière analyse, un emprunt forcé.

En principe général, abstraction faite des conséquences, l'intérêt pécuniaire de tout Gouvernement est toujours en opposition à celui des gouvernés. Le point le plus désirable est celui qui établit un parfait équilibre entre les résultats de cette combinaison. S'il ne peut se maintenir, il est du moins préférable que l'intérêt des gouvernés tende à la hausse, attendu qu'il est plus raisonnable de supposer au Gouvernement, pris en masse, plus de moralité, qu'aux gouvernés pris isolément, et que, d'ailleurs, le bénéfice produit pour le Gouvernement, par une baisse sur une de ses branches de combinaisons, est toujours plus que dépassé par la perte qu'il éprouve, par une suite nécessaire, sur l'ensemble de ces mêmes combinaisons.

Le projet de loi ne peut avoir eu pour but que d'améliorer les créances qu'il comprend; s'il produit un effet opposé (ce résultat ne s'est malheureusement que trop réalisé), les porteurs de ces créances ne peuvent-ils pas avec juste raison se plaindre de ce qu'on se soit occupé d'eux? Jusqu'alors, la valeur réelle de leur titre dépendait, comme celle de tout objet de commerce, du consentement respectif des acheteurs et des vendeurs. Une continuation de non-payement leur aurait donc été plus favorable. Mais, dira-t-on, les porteurs de créances arriérées faisaient la loi à ceux qui en avaient besoin. D'abord, cette assertion n'est pas exacte; mais, en supposant même qu'elle eût quelque fondement, serait-ce pour cela que vous prétendriez devoir la faire à l'un et à l'autre? aux uns, en leur ordonnant d'adopter le mode de remboursement qu'il vous convient de fixer; aux autres, en les forçant d'acheter au prix voulu par les premiers. Votre mode de payement d'arriéré ne doit-il pas, d'ailleurs, par une analogie que votre projet peut au moins rendre présumable, effrayer tous les créanciers non soldés de l'an 9? Le nombre, malheureusement, n'en sera que trop considérable, et dépassera probablement celui auquel, pour l'instant, on semble se fixer.

Dès-lors, la perte extrêmement sensible éprouvée par ce genre de créance ne portera-t-elle pas les spéculateurs de l'an dix, à bâser leurs conventions sur cette considération, qu'ils ne manqueront même pas d'exagérer?

Dès l'instant qu'on aurait mis le trésor dans le cas de se passer d'anticipations, voici le plan que je proposerais pour simplifier tellement son organisation qu'il pût, à chaque instant, établir sa balance. Moyennant une commission d'un pour cent, on chargerait la banque de France de faire chaque mois l'encaissement de toutes les obligations. Elle ouvrirait, en même temps, au trésor, des crédits sur les diverses places où se trouveraient ses besoins. Dès-lors, plus d'inquiétude pour le Gouvernement, plns de transport de numéraire, plus de perte de temps, plus de double emploi. De cette liaison de deux administrations aussi respectables qu'importantes, naîtrait nécessairement une telle unité entre les intérêts du Gouvernement et ceux des gouvernés, qu'ils ne formeraient plus entre eux qu'un seul tout indestructible.

RÉSUMÉ.

En dernière analyse, mon plan se réduit à ceci:

1°. Anéantir, sans bourse délier, toutes les créances arriérées;

2°. Les consolider sur le pied de cinq pour cent, taux des créances les plus sacrées, et en élever la va-

leur

leur effective, pour ceux qui seraient forcés de réaliser, à 60 pour 100, au moins, de leur représentation nominale;

3°. Recevoir en pur bénéfice, d'une part quinze millions écus payables comptant, et soixante-quinze millions d'obligations payables à quinze mois, total quatre-vingt dix millions; de l'autre, quinze à vingt millions de revenu annuel qui, à sept pour cent, forment un capital de plus de deux cent cinquante millions;

4°. Enfin, assurer le service du trésor, sans secours étranger, et sans sacrifices; rehausser le crédit public; diminuer l'intérêt de l'argent; accroître la valeur réelle des biens-fonds; augmenter la masse circulante; et revivifier le Commerce et l'Agriculture.

Le projet de loi ne présente aucun de ces avantages, puisque d'une part, il augmente la dette annuelle de 4,200,000 francs; de l'autre, qu'il ne paye les créances arrièrées que sur le pied de trois pour cent, ce qui leur occasionne une perte de deux cinquièmes; puisqu'enfin il ne procure aucune ressource, soit en capital, soit en intérêts, et qu'il n'assure en aucune manière le service du trésor.

Je ne bâse, au surplus, cette comparaison que sur des résulsats mathématiques; quant au point de vue moral et politique, c'est à l'opinion publique qu'il convient de prononcer. Je ne me permettrai, à cet égard, qu'une seule observation : mais avant, je dois faire remarquer que la liberté de la pensée est la preuve la plus convaincante de la force d'un Gouvernement; ceux-là lui sont véritablement dévoués, qui ont le courage de présenter leurs doutes avec respect et sans passion.

Toutes dettes légitimes doivent être sacrées pour le Gouvernement. Leur ordre de date ne peut établir entre elles aucune différence. De deux choses l'une ; ou la dette est légalement reconnue, ou elle est contestée : dans le premier cas, le laps de temps écoulé entre son origine et son payement, la rend d'autant plus recommandable ; dans le second, il convient de la soumettre à la vérification, qui seule peut indiquer les réductions qu'il convient d'y apporter. Ces principes sont les premières bâses du crédit public ; si un Gouvernement arbitraire s'en écarte, le mal a des bornes, puisque d'avance on devait s'y attendre : mais qu'un Gouvernement juste les plie à ses convenances, dès-lors la confiance s'anéantit, non-seulement parce qu'on se trouve frustré dans son espoir, mais encore parce que rien ne peut assurer que, par la suite, la même déviation n'ira pas dans une progression croissante. C'est alors que, ne vivant qu'au jour le jour, attendant avec inquiétude chaque évènement, et n'osant se confier à l'avenir, on réalise ses capitaux, on diminue la circulation, et on enlève au commerce et à l'agriculture ses principaux germes.

Paris, ce 19 ventose an 9.

FIN.

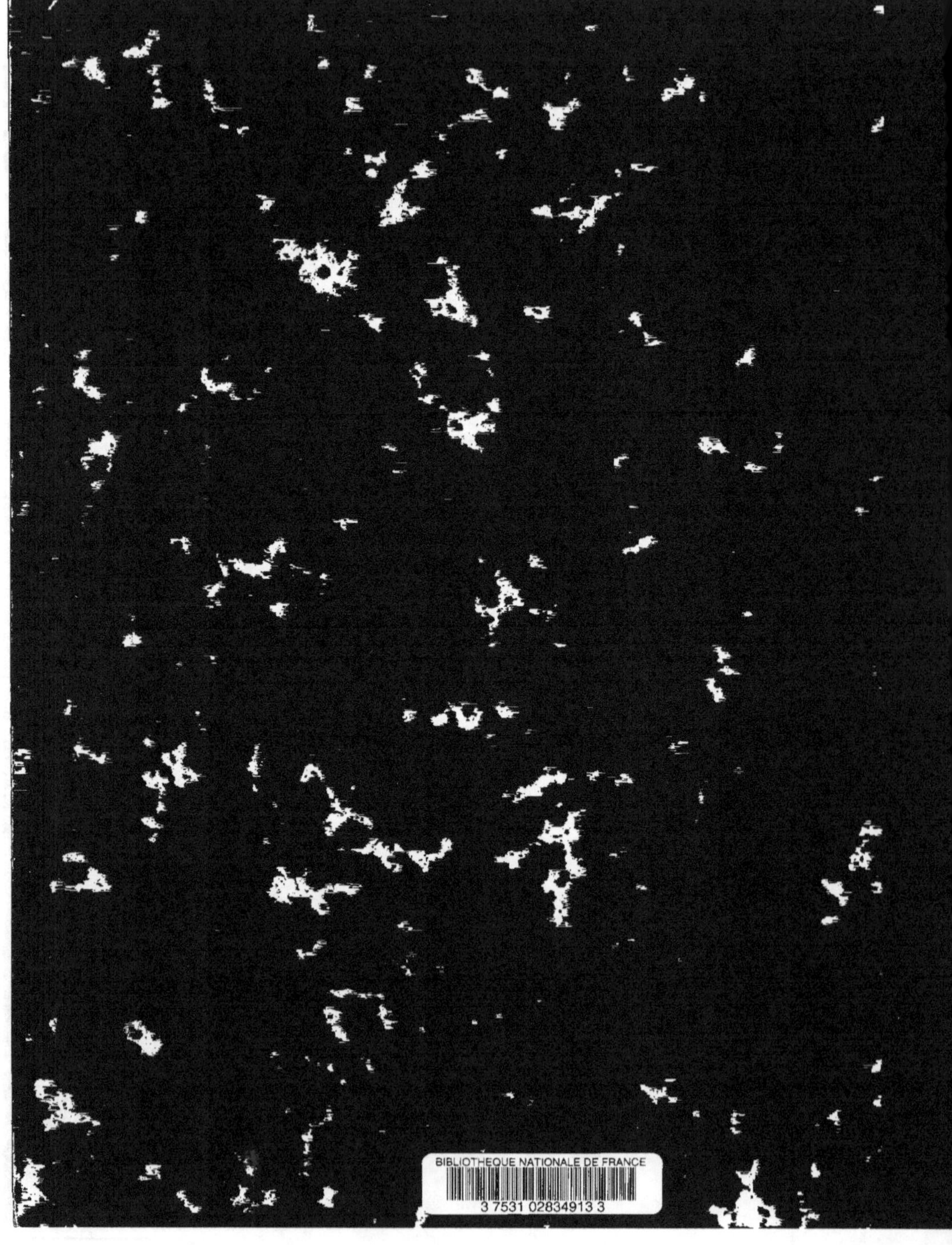

www.ingramcontent.com/pod-product-compliance
Lightning Source LLC
LaVergne TN
LVHW020307230826
846091LV00006B/2575

9782013652520